グリーンブックレット
Green Booklet 14

グローバルにみた 日本のLGBTと人権保障

立正大学法学部・法制研究所講演会

グローバルにみた 日本のLGBTと 人権保障

講演 谷口 洋幸 氏
(金沢大学 国際基幹教育院 准教授)

2021.
1.23 SAT 14:00~16:00
Zoom開催
参加費無料／事前申込不要

参加用URLは、講演会前日までに立正大学公式ホームページ トップページ［イベント
インフォメーション］の「2020年度立正大学法学部・法制研究所講演会 グローバルに
みた日本のLGBTと人権保障を開催」に掲載します。開始時間が近づきましたら、参加
用URLをクリックしてご参加ください。

主催・問合せ：立正大学法学部・法制研究所
〒141-8602 東京都品川区大崎4-2-16（立正大学法学部事務室） TEL. 03-3492-3183
後援：品川区

立正大学
法 学 部［編］
法制研究所

成文堂

はしがき

　本書は，立正大学法学部・法制研究所共催2020年度公開講演会『グローバルにみた日本のLGBTと人権保障』（2021年1月23日開催）の記録です。この講演会は立正大学法学部・法制研究所の地域貢献事業の一つとして開催致しました。

　　LGBTの人権保障への関心は，今日日本の内外で急速に高まっています。

　日本国内では2015年12月に渋谷区・世田谷区で始まったパートナーシップ制度の導入が，現在日本全国の100を超える地方自治体に拡大しています。2020年に成立した，国の「第5次男女共同参画基本計画」でも，第6分野「男女共同参画の視点に立った貧困等生活上の困難に対する支援と多様性を尊重する環境の整備」において，性的指向・性自認（性同一性）に関する環境整備が求められています。

　国際社会では，同性婚を承認する国や地域が約30にまで拡大しています。またLGBTの人権保障は，2015年から2030年までの15年間に，国連を中心として国際社会全体で，日本国内でも国，地方自治体，企業，学校など社会の様々なレベルで取り組みが求められているSDGs（持続可能な開発目標）でも，目標5（ジェンダー平等を実現しよう），目標10（人や国の不平等をなくそう）及び目標15（平和と公正をすべての人に）の実現に直接かかわっており，LGBTの人権保障は国際社会の重要関心事項と言えます。

　今年1月，国際人権法の専門家である谷口洋幸先生に「グローバルにみた日本のLGBTと人権保障」というタイトルでご講演をいただいたことで，参加者全体で，このLGBTに関する人権課題全般を俯瞰的に理解することができました。オンライン講演会であったことで，海外や地方から参加していただけたことは私たちにとっても新しい発見でした。

　今般，この講演会の内容をまとめたブックレットを発刊することで，お手に取られた方がLGBTの人権保障に関して理解を深める一助となることを期待しております。

　最後に，御講演を頂きました谷口洋幸先生をはじめとする本企画に関わって頂いた全ての方々に深く感謝申し上げます。

2021年11月1日

立正大学法学部長

位　田　　央

立正大学法制研究所長

川眞田嘉壽子

目　次

講　　演

1．はじめに

　過分なるご紹介をいただきありがとうございます。金
沢大学の谷口洋幸と申します。国際人権法を専門として，
ジェンダー，セクシュアリティの領域を中心に研究を進
めております。本日は立正大学法学部法制研究所の講演
会にお招きいただき，ありがとうございます。開会のご
あいさつをいただいた川眞田先生，それから司会を務め
ていただいている柴田先生，このシンポジウムに関係し

谷口 洋幸

てくださっている先生方，ならびに初のオンライン開催に向けてご準備くだ
さった事務局の皆さま，それから，ゆっくりと過ごしたいであろう土曜日の
午後に画面の前にいていただいている視聴者の皆さまに，心より感謝を申し
上げます。

　本日は，「グローバルにみた日本の LGBT と人権保障」という，少し大風
呂敷なタイトルでお話をさせていただきます。

　はじめに「グローバルにみた」というタイトルとの関係において，現在の
国際社会の大きな流れと LGBT との関係を確認しておきます。

2015年，国連は，2030年までの15年間に国際社会が達成すべき17の目標を定めました。SDGs，日本語では「持続可能な開発目標」といわれます。現在，国だけではなく自治体や企業，大学，そして学術領域においても，SDGsを軸に，いろいろな取り組みが進められていますので，ご存じの方も多いかと思います。

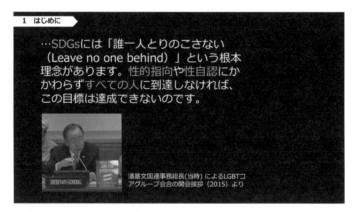

このSDGsが始まった2015年，当時の国連事務総長であった潘基文（パン・ギムン）氏は，ニューヨークの国連本部で開かれた会合で，このようなことを述べています。「SDGsには，誰一人取り残さないという根本理念があります。性的指向や性自認に関わらず全ての人に到達しなければ，この目標は達成できないのです」。ちなみに，この性的指向というのは，人の感情

や欲求がどの性別に向いているかを表す概念で，性自認というのは，その人が生きている，あるいは確信をしている性別の在り方を示す概念です。この性的指向と性自認の2つの原語である Sexual Orientation と Gender Identity の頭文字を取った SOGI（ソジ）という言葉も広く使われるようになってきました。SOGI を理由に誰一人取り残してはいけない。潘基文元事務総長のこの発言は，世界の共通目標である SDGs に LGBT も当然に含まれることを明言したものとして注目されました。

　これ以降，SDGs の取り組みに LGBT を意識的に取り上げる動きが，国連だけではなく，世界各地で広がっています。17の目標のうち，主に次の3つの目標に密接に関連する事柄として，議論が進められています。

　1つ目は目標の10，「人や国の不平等をなくそう」です。2つ目は目標の16，「平和と公正を全ての人に」。そして3つ目に目標の5，「ジェンダー平等を実現しよう」というものです。具体的には，例えばSOGIに基づく差別の禁止や，人権侵害の予防・救済，安全な市民活動への支援，あるいはSOGIを理由とする性暴力への取り組みなどが求められています。

　このように，2030年を見据えて，国際社会ではLGBTに関連する法政策が進められてきております。

2．日本のLGBT法政策

　そこで，最初に日本のLGBTに関連する法政策の現状について，世界の状況と比較しながら見ていきます。世界各国に共通する法政策上の課題として，主にこの4つの課題が挙げられます。ソドミー法，性別の変更，同性婚，そして差別の禁止です。もちろん課題はこれだけではありません。例えば難民の認定や支援，ヘイトスピーチやヘイトクライムの規制，受刑者の処遇など，さまざまな共通した課題もあります。今日は，比較法的な視点から，最も多く議論の蓄積があるこの4つの課題に着目します。

2.1　ソドミー法

　まずはソドミー法です。ソドミー法とは，同性同士の性行為に対して刑罰を科している法規定の総称です。キリスト教でいうところの旧約聖書のソドムの街のエピソードに由来するネーミングからも分かるように，主に宗教を背景として形成された国々に存在してきた規定です。

　画面にお示ししている地図は，ILGA という国際 NGO が作成した地図です。性的指向に関する法政策が色分けで示されております。こちらは先月に公表された最新版で，まだ日本語訳が公開をされておりませんので，英語のままで失礼いたします。この地図において赤色系で塗られているところが，現在ソドミー法が存在している国々です。少し詳しく見てみると，世界の約

70カ国にソドミー法が存在していて，最も色が濃く塗られている国では，最高刑として死刑が規定されています。

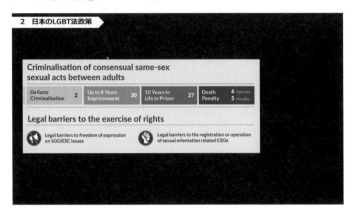

実際に死刑が執行されている国が6カ国，適用可能となっている国が5カ国あります。その他，量刑が10年以上から終身刑という重罰を科している国も27カ国存在しております。

ソドミー法が現存している国が，中東諸国やアフリカ諸国に多く見られることも，この地図からお分かりいただけるかと思います。

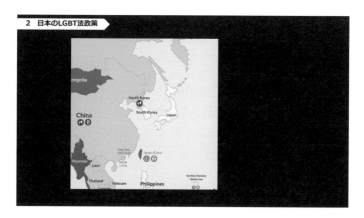

　日本はどうかというと，赤色系の色は塗られていません。日本には，ソドミー法に該当する規定というのは刑事法上存在しておらず，同性同士の関係性は犯罪としては位置付けられていません。

2.2　性別の変更

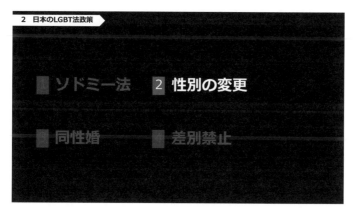

　次に，性別の変更についてです。正確には法律上の性別記載の変更，または性自認に基づく性別表記の法的な承認といった形で議論されるテーマです。

画面の地図において緑色で塗られているところが法律上の性別の記載が変更可能な国や地域になります。身分登録等の各国の法制度にはいろいろな違いがありますので、統計として正確な数値をカウントすることは大変難しいのですが、TGEU（Transgender Europe）という NGO の統計では、現在51カ国において性別の変更の手続きを明記した法律が存在しています。ここには行政の実務や裁判所の判断で性別の変更が認められている国はカウントされていないので、他の統計では、性別の変更ができる国は70カ国以上といった数値も出されています。

ご覧いただけるとおり、この中では日本も緑色で塗られています。日本では2003年に「性同一性障害者特例法」（以下、特例法）という法律が制定されて、性別の変更が可能となりました。最新の統計によると、法律の施行後9,625人の方が変更を認められています。ヨーロッパでは1970年代から性別の変更を認める法律が存在していましたので、日本の法的な対応は少し遅めだったと言えます。

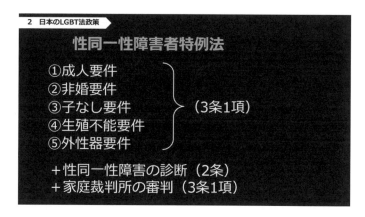

2　日本のLGBT法政策

性同一性障害者特例法

①成人要件
②非婚要件
③子なし要件　　　　（3条1項）
④生殖不能要件
⑤外性器要件

＋性同一性障害の診断（2条）
＋家庭裁判所の審判（3条1項）

　性別の記載を変更するためには，幾つもの条件を満たさなければなりません。医師の診断をもらって，3条に書かれた5つの条件を満たして，そして家庭裁判所の審判を受けるという手順です。

　性別記載の変更を認めている他の国と比較をすると，日本の法律は世界一厳しい条件を課していると評価されています。例えば特例法3条1項3号の「未成年の子がいないこと」，いわゆる子なし要件というのは，日本にしか存在しない規定です。その他の条件は，実は他の国でもかつては規定されていました。ただ，現在はこれらの条件が人権侵害に当たるものとして，徐々に廃止されていく方向にあります。手続きも緩やかになってきています。

　特に世界的に廃止されていく傾向が強いのが，ここでいう4号と5号の部分です。4号の生殖不能要件は，要するに子どもがつくれない体にしないと性別の変更は認めませんよという条件です。また5号は外性器の要件，これは裸になったときに性器がどちらか分かる形でなければいけないという条件になります。いずれも多くの場合，外科的な手術が不可欠となります。こういった手術は，本人が望む場合はいいとしても，性別の変更の条件としてしまえば，仮にその人が望まない場合でもそれを強制することになってしまうのではないか。だから，廃止をしなければいけないという考え方が，現在主流になっております。

　もう一つ議論されているのは，診断書を提出するという要件です。ここには2つの問題があって，1つは性同一性障害という疾病名そのものが，来年

には医学界からは消えてなくなります。世界中どこにいても適切な医療が受けられるという健康の権利というのを標準化するために，WHO は国際的な基準となる疾病分類を策定しています。これまで性同一性障害は精神疾患の一つに位置付けられてきたのですが，これが精神疾患区分から削除されて，新たに性の健康状態というカテゴリーの中に性別不合（Gender Incongruence）というカテゴリーが設けられることが決まっています。

　もう一つは，性同一性障害にせよ，来年から使われるようになる性別不合にせよ，そもそも自分の性の在り方について，医者の判断が必要なのかという点です。自分の生き方は自分が決めるという自己決定，あるいは人間の尊厳の一つとして性自認というものを捉えて，それに法的な承認を与えていくことが望ましいという考え方の下で，診断書を提出する要件というものを削除する国も増えてきております。

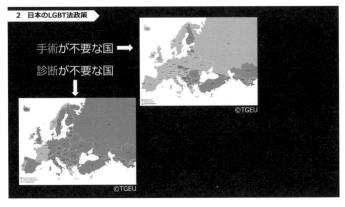

　この地図はヨーロッパ地域の法制度を比較したのもですが，上にあるのが手術要件，そして下にあるのが医師の診断要件，青色がそれぞれの条件を廃止した国になります。手術要件は，東ヨーロッパと北欧の一部を除いてほぼ削除されていて，診断書の要件については，ポルトガルやフランス，アイルランド，ノルウェー，デンマークなどの幾つかの国で廃止されている状況が，お分かりいただけるかと思います。2014年には，WHO（世界保健機関）などの国際機関が，性別の変更の条件として手術を規定すること自体が人権侵害に当たるから，これは廃止すべきであるという共同声明を採択しておりま

す。手術要件の撤廃は，この2014年の声明の影響も大きいといわれております。

2.3　同性婚

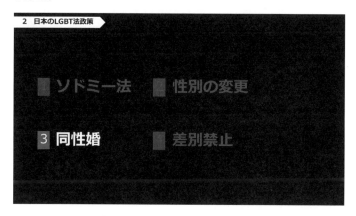

さて，3つ目に同性婚が挙げられます。より正確には，婚姻の平等とか婚姻の性中立化，あるいは性別による婚姻制限の撤廃という法政策というべきところですが，一般的な形で分かりやすく同性婚と表現しておきます。

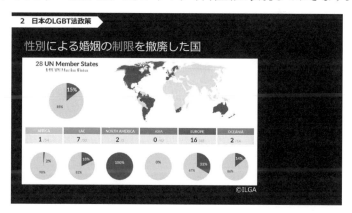

現在，いわゆる同性婚ができる国というのは世界で29カ国存在しています。ニュースでご覧になった方もいらっしゃるかと思いますが，2020年12月にスイスでも導入が確定しましたので，スイスが30番目の国となります。地域的

にはヨーロッパと北アメリカ，南アメリカに集中していて，その他南アフリカ，オーストラリア，ニュージーランド，そして地図では非常に小さくて見にくいですが，アジアでは台湾で導入されています。

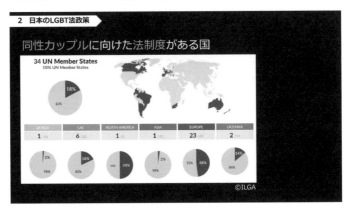

　一方，婚姻ではない形で同性カップルを法制度上で承認している国も34カ国あります。ただ，こちらにつきましては，ほとんどの国が現在同性婚もできるようになっていますので，純粋に，同性婚ができなくて，けれども同性カップルに対して別の法制度を持っている国というのは，東ヨーロッパの地域に限られています。

　さて，そこで日本はどうかというと，日本には色が塗られていないということがお分かりいただけるかと思います。同性同士では結婚をすることもできなければ，法制度上の保障も何ら与えられていないという現状です。

　ただ，この点についてはご存じの方も多いかと思いますが，日本では現在，2021年1月現在のデータによれば，74の自治体でパートナーシップ認証制度が導入をされています。こちらの地図は，渋谷区と認定NPO法人虹色ダイバーシティさんが，導入の状況とか交付の件数について定期的に調べて発信してくださっている地図ですが，すでに日本の人口の3分の1をカバーするまでの広がりを見せています。ただし74の自治体数というのは決して多いものではなくて，全国には自治体が1,800弱ありますので，まだまだ多数派とは言えない状況です。

　この同性婚とパートナーシップ制度，自治体のパートナーシップ制度の点に関連して押さえておきたいことは，自治体の制度は，国の制度ではないという点です。国の制度ではないので，婚姻とは全く異なる自治体独自の制度です。日本では，結婚や家族に関する法制度というものは，全て国が決めることになっています。従って，パートナーシップ認証を受けても，カップルとして国レベルでの法的な保障，いわゆる結婚に相当するような保障が実際に得られるというわけではないという点は，押さえておく必要があるかと思います。

2.4　差別の禁止

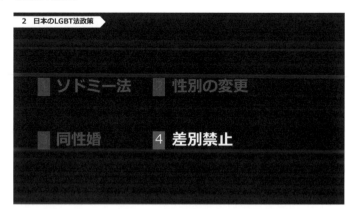

　さて，世界に共通する主要なLGBTに関連する法政策の4つ目，それは差別の禁止です。

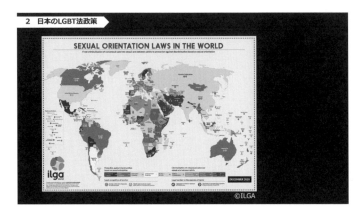

最初に見た ILGA の世界地図ですが，こちらで青色系に塗られているのが，性的指向に基づく差別を禁止している，何らかの法政策が取られている国です。

少し詳しく見ていくと，憲法上の差別禁止規定，日本の憲法でいうところの14条，いわゆる差別禁止条項に性的指向を明記している国が，世界で11カ国存在しています。また，包括的な差別禁止法というものの中に性的指向が明記されている国が57カ国。そして，雇用分野に限定して性的指向差別が禁止されている国は81カ国もあります。

地域を見てみると，ヨーロッパ，それから南北のアメリカには，ほとんどの国で青色が塗られていることがわかります。何らかの性的指向に関する差

別の法政策が進んでいる国です。先ほどの同性婚の地図を思い出していただけるとお分かりいただけるとおり，オーストラリア，ニュージーランド，南アフリカなども含めて，差別禁止法のある国と同性婚が実現している国は重なりあっています。

さて，では日本はどうかというと，日本は一番薄い水色で塗られています。このカテゴリーは，限定的な性的指向差別の禁止がある国の色分けです。韓国も同じ色が塗られています。ここでいう限定的な保護というのは，主に自治体の人権条例であったり，自治体の男女共同参画計画などの中で性的指向が明記されている例があり，これをもって限定的に性的指向差別が禁止されているという色分けとなっています。

この点につきましては，日本に特殊な背景として，そもそも国レベルにおいて，差別禁止は憲法の非常に曖昧な規定しか存在しておらず，包括的な差別禁止法というものが存在をしていないこと，あるいは人権侵害を防止・救済するための独立した専門的な組織，いわゆる国内人権機関というものが存在しないことも指摘しておく必要があるかと思います。

2.5 行政の取り組み

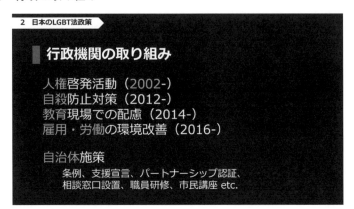

　さて，このように世界各国に共通して見られる LGBT 法政策のうち，ソドミー法はそもそも日本には存在をしていないので，国内法上は問題になりません。性別記載の変更は，一応認められてはいるけれども，かなり厳しい条件が定められている。それ以外に主立った法律がありませんので，同性婚というものも，国レベルでの議論というのはなかなか進んでいない。そして差別禁止については，そもそも基本的な法律の枠組みすら存在していないというような現状があります。

　ただ，法律そのものは存在していないものの，実は行政レベルにおいては，先ほどの例に挙げた自治体の取り組みとかも含めて，実に多くの取り組みが実現しております。例えば，行政機関の取り組みとして最も古いものとしては，人権啓発活動が挙げられます。国連が主導した「人権教育の10年」を受けて策定された人権教育推進法に基づいて，日本でも法務省が中心となって人権啓発活動が展開されております。2002年からは啓発項目の一つとして性的指向が含まれ，翌年2003年からは性同一性障害，現在ではこれが性自認に変更されていますが，これも明記をされております。

　このように，日本では約20年近くにわたって，SOGI に関連する人権啓発活動が実施されてきました。例えば，いま大学に入学してくる平均的な年齢の方々は，生まれたときから性的指向，性自認に基づく差別というものが許されないことは，理解ができているはずです。もちろんこれは，この政策だ

けで人権意識が醸成できるのであれば，という話ですが。この点については，また後ほど触れてみたいと思います。

　その他，自殺防止対策であったり，あるいは教育現場における配慮，また雇用・労働領域の分野での環境改善なども，少しずつ取り組みが進められております。また，自治体に目を向けてみると，先ほどのパートナーシップ認証制度というものが74の自治体に導入されていますが，それだけではなくて，例えば人権条例とか男女共同参画の条例計画レベルで，性的指向や性自認に関する取り組みが進められています。自治体によってはLGBTの支援宣言というものを発出したり，特設の相談窓口というものを設置したり，また，職員研修であったり，市民講座を実施したりして，各自治体がそれぞれの立場で，それぞれのできるところから，LGBT関連施策を進めているという現状があります。

3．国際社会はどう見ているか

　さて，ここまで日本のLGBTに関連する法政策を概観してきました。では，このような日本の現状について，国際社会の目はこれらをどう見ているのでしょうか。この点について次にお話をしていきたいと思います。ここでは，特に条約機関と国連機関という2つの国際的な取り組みの中で，日本の法政策がどのように評価をされているのか，ご紹介をしていきます。

3.1 条約機関からの改善勧告

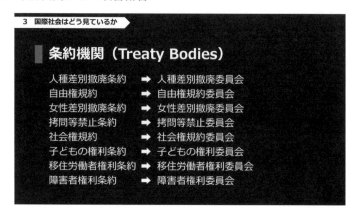

　まず，条約機関からの指摘を見てみたいと思います。条約機関とは，人権に関する国際条約の下に個別に設置されている機関で，それぞれの条約機関は20名前後のその分野の専門家によって構成をされる委員会の形式をとっています。主な任務としては，それぞれの条約に書かれている内容，すなわちそれぞれの人権保障がきちんと実現できているかどうかを監視する役割が与えられています。ただ，監視とはいっても，いわゆる警察的なやり方ではなくて，人権保障という大事な約束が絵に描いた餅にならないように，約束した以上はきちんと各国が守れるようにしていかなければならない，そのためのアドバイスであったり，あるいはコンサルテーションをする役割が，それぞれの委員会に与えられています。

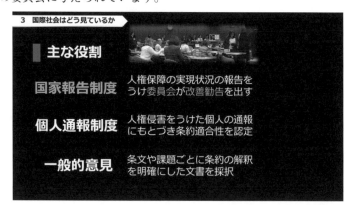

　具体的な方法としては，次のような形で履行監視活動が行われています。まず，国家報告制度というもので，これは各国の人権状況を報告してもらって，それについて政府の代表者らと対話を行った上で，国ごとに改善勧告を出すものです。また，人権侵害を受けた個人からの通報を受けて条約上の権利侵害を審査する，個人通報制度というのもあります。また，それぞれの条約の細かい解釈とか指針を示す一般的意見というのを採択する，そういった方法も用いられています。これらの制度のうち，日本の法政策の現状についての具体的な指摘というのは，最初の国家報告制度の下で出される総括所見（Concluding Observation）で確認をすることができます。こちらはLGBT関連だけではなくって，あらゆる人権問題がこの国家報告制度の下の総括所見で確認することができますので，それぞれのご関心に基づいてぜひご参照いただければと思います。

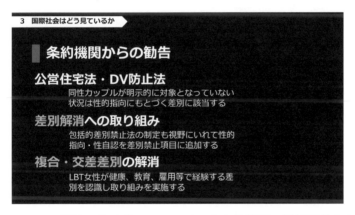

　さて，LGBT関連の法政策については，各条約機関の総括所見としてさまざまなものが出されております。例えば，個別の法律について見てみると，自由権規約委員会や社会権規約委員会からは，公営住宅に同性カップルが実際には入居しづらい状況になっていることや，DV防止法で同性間のDVが明記されていないことで対応が不十分になってしまっていること，これに対する法政策上の，あるいは実行上の改善が求められています。また，差別解消に向けた取り組みとして，法律にSOGI差別禁止というものを明記することや，LGBTIの子どもたちが受けるいじめや差別に対しての積極的な取り

組みも求められています。また，女性差別撤廃委員会からは，同じ女性でありながら SOGI を理由に複合的，交差的な差別を受けている LBT 女性，すなわち，レズビアン，バイセクシュアル，トランスジェンダーの女性について，意識的な取り組みの必要性も指摘をされています。

3.2　国連人権理事会の普遍的定期審査

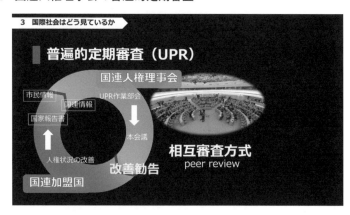

　もう一つの国際社会からの評価として，国連人権理事会の下で実施されるUPR（普遍的定期審査）での指摘をご紹介しておきます。普遍的定期審査というのは，国連の全加盟国が4年半に1度ずつ，自分の国の人権状況について審査を受ける制度です。2006年から始まっていて，現在3巡目の審査が行われています。この審査は，先ほどの条約機関のように専門家の委員会によるものではなくて，国同士の相互審査，いわゆるピア・レビューという方式を採っています。それぞれの国がお互いに改善すべきところを指摘し合って，切磋琢磨（せっさたくま）しながら人権状況を底上げしていこうという国連の取り組みです。

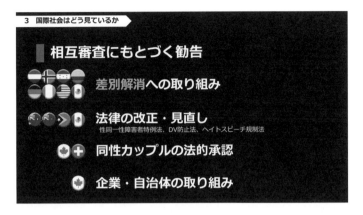

　この審査の結果として出される改善勧告の中にも，日本のLGBT関連の法政策についてさまざまな点から勧告が出されております。最も多くの国から指摘を受けているのが，SOGIに基づく差別解消への取り組みを含めて，差別解消や人権保障に関する具体的な法整備というものがなされていない点です。オランダ，ノルウェー，ホンジュラス，コロンビア，ドイツなどから指摘をされております。また，個別の法律の改正や見直しというものも指摘をされております。ニュージーランドからは，先ほどご紹介をした性同一性障害者特例法を名指しした改善勧告というのも出されております。また，スイスやカナダからは，国レベルで同性カップルの法的に承認していく必要性も具体的に指摘をされていたり，カナダはそれ以外にも自治体や企業での取り組みをより強化していくべきだといった勧告を出しております。

　条約機関という専門家集団による指摘，そしてUPRという国家間のピア・レビューで指摘されている内容を見ると，LGBTを取り巻く法政策のどこに国際的な視点から問題があって，どう改善していくことが人権保障として望ましいのか，具体的に把握することができます。

4．LGBT と人権保障のために

　さて，このような具体的な指摘がなされていく中で，日本の法政策は，SOGI に関する人権保障のために，どのような方向へ進んでいくべきなのでしょうか。

　ここでは，具体的にこういうことができるのではないかといったことを列挙するのではなく，根本的に必要になってくる視点についてお話をさせていただきたいと思います。

4.1　国の義務としての SOGI 差別解消への取り組み

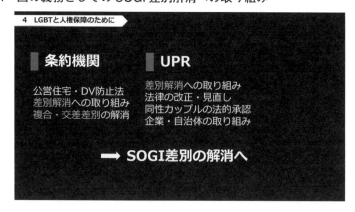

　実は，その必要な視点というのは，先に見た条約機関や UPR の勧告において，既に示されているところです。条約機関からは差別解消に向けた法整備や制度設計というものが求められ，UPR でも最も多い指摘というのは差別解消のための制度設計をすることでした。性的指向や性自認に基づく差別を解消していく，これが具体的な施策や対応を考えるための根本的な認識として必要なことだと言えます。

　この性的指向や性自認に基づく差別を解消していくべきだという視点は，何も日本だけに向けられた内容ではありません。2012年に国連人権高等弁務官事務所が公表した『Born Free and Equal』という文書があります。2019年にはその改訂版も作成されました。ちなみに，2012年の初版バージョンは，弘前大学の山下梓先生が翻訳書として『みんなのための LGBTI 人権宣言』を合同出版から刊行されていますので，日本語でも読むことができます。

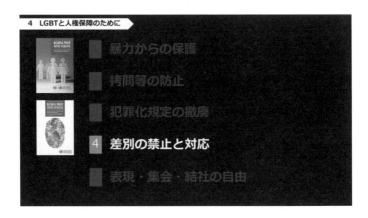

　さて，この『Born Free and Equal』は，LGBT に関連する法政策として，各国が国際法上の義務として取り組まなければいけない5つの領域がまとめられています。1つ目に，性的指向や性自認などを理由とする暴力から保護をしなければいけない。2つ目に，拷問，非人道的なあるいは品位を傷つける処遇を禁止しなければいけない。3番目に，ソドミー法などの犯罪化規定を撤廃していかなければいけない。4番目には，性的指向や性自認などに基づく差別の禁止，そしてそれに対する対応を進めていかなければならない。5番目に，表現，集会，結社の自由を確保しなければいけない。この5つがLGBT に関連して国家が取り組まなければいけない最低限の課題だということが記されております。

　このように，国際法上の5つの義務の4つ目の義務として，SOGI に基づく差別の禁止と対応が世界各国に求められています。先ほどの改善勧告も，この認識に沿って出されているものと理解をすることができます。では，ここでいう差別の禁止と対応というものは，具体的にどういう義務内容であるのか，ここを少し詳しく見ていきたいと思います。

4.2　差別とは何か

『Born Free and Equal』では，性的指向や性自認に基づく差別とは何か，その定義が明記されております。ちょっと長いですが，読み上げてみたいと思います。差別とは，「直接的または間接的に差別が禁止される事由に基づく区別，排除，制限または優遇，その他の差異ある処遇であって，他者との平等を基礎として，国際法において保障された権利を享有しまたは行使することを妨げまたは害する目的または効果を有するもの」という定義です。

　直接的なものだけではなく，間接的であってもそれは差別に当たること。区別というのも差別になり得ること。権利の行使を妨げることも，これも差別に当たること。また，差別の意図の有無に関わらず，その効果をもたらすものも含まれることなど，かなり広範にわたった事柄というものが含まれていることもお分かりいただけるかと思います。これは，人種差別撤廃条約や女性差別撤廃条約などにある差別の定義，そしてそれに基づく履行監視過程でのさまざまな解釈実践の歴史を踏まえて，作成をされた文書です。

　この差別の定義から認識しておくべきことというのは，差別というのは，何も形式的差別や直接的な差別にとどまらないという点です。

　法政策に明記された形で異なる取り扱いを受けているかどうか，そこに合理的な理由があるかどうかといった，伝統的な差別に関連する話だけではなくて，現実の影響や，あるいは制度上のシステムが持つ根本的な問題も含めて考えていかなければならない。そうしなければ，それは差別の解消に取り

組んでいるとは言えないという，こういうわけです。

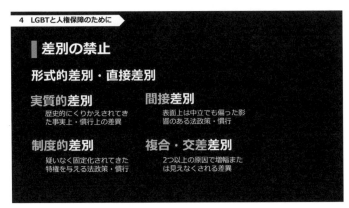

これからお示しする4つの差別類型は，それぞれの内容や具体例は重なり合うところがあります。また，この他にも，例えば合理的配慮の不提供であったり，関連差別や臆測差別といわれるものなど，さまざまな類型がありますが，ここでは，一般的に差別といった場合につい見過ごされがちなものの代表例として，4つ紹介しておきたいと思います。

例えば，法政策として平等に扱うとは書かれていても，実際問題として，あるいは結果的に，当たり前のように差別が生じている状況，この実質的差別という状況にも取り組まなければいけないといわれています。性的指向にも関わらず等しく扱うことを明記する規定があったとしても，それが実際に何らかの具体的な措置等が講じられていないために，結果的にはいつでも差が出てしまうような状況というのを示しております。

また，表面上は性的指向や性自認に関連しないように見える規定であっても，結果的に偏った影響を与えてしまう間接差別といわれる状況もあります。例えば，結婚を条件として何らかの法的な利益とか社会的な優遇を与えるという法政策については，確かに結婚をしていないという意味では，同性カップルであっても，異性のカップルであっても，等しく扱われているようには見えるものの，そもそも結婚という選択肢を与えられていない同性カップルにとっては，不均衡な影響というものが与えられているために，これは間接差別に該当すると考えられます。

　また，より根深いところで当たり前とされてきた事柄によって社会が進んでいくことで，いわゆる無意識のバイアスというものがかかっていって，その前提に合わない人たちが常に排除され続ける状態に置かれる構造的差別（systemic discrimination）も含まれています（注：スライドでは制度的差別と誤記）。人の意識や法政策だけではなく，社会の慣習や慣行そのものが，あるいは，人々の意識そのものが，特に明確に意識されていない状況でLGBTを排除するような形で，言い換えれば，人々の認識そのものだけではなく社会の制度そのものが，ホモフォビアやトランスフォビアに基づいて出来上がっていること自体も差別と捉えるべきだ，という考え方です。シスジェンダーの人たちだけを前提に作り上げられてきた社会のインフラによって，トランスジェンダーの人々が生きづらさを経験している状況などが，その典型例と言えるかと思います。

　また，差別をされている特定の理由だけに着目してしまうことで，別の差別が見過ごされてしまったり，あるいは覆い隠されたりしてしまうことにも注意が必要です。人の属性とか特徴は複数ありますので，複数の属性で弱い立場に置かれている人々は，問題が増幅されてしまったり，あるいは問題がより見えにくくなってしまいがちです。例えば，LGBTであるとともに国籍や障害の有無，あるいは出身地によって弱い立場に置かれてしまう人々。これはどれかの属性は意識されるけれども，どれかが見過ごされてしまったり，あるいは特定の集団内でより弱い立場に置かれてしまったりすることがあるわけです。

　このように，性的指向や性自認に基づく差別を考えるときに，単に規定や制度の形式的な差別がないとか，あるいは直接的に差別しているわけではないからいいのではないかと早合点しないことが重要になってきます。事実上の差別を生み出す状況をつくり出していないか。あるいは，中立的に見える規定や制度に由来した状況をつくっていないか。既存の制度に当てはまらない人々を，無理やりその制度に当てはめようとしていないか。その取り組み自体が，別の視点を置き去りにしたり，別の差別を生み出してしまっていないか。差別がその意図とは離れた効果として生じ得ること，構造的に見えにくい形でも生じ得ることには，細心の注意を払う必要があると考えられます。

差別解消に向けた取り組みにおいて，日本でもう一つ注意をしておくべき視点を指摘しておきたいと思います。それは，人権保障のために必要な取り組みについての認識というものです。これは LGBT に限らないことですが，LGBT の文脈においても，やはり確認をしておく必要があるかと思います。人権というと，相手を思いやる気持ちを醸成していこうとか，あるいは当事者が困っていることを理解して，適切な配慮をしていこうといった点が強調されがちです。言い換えれば，人々の意識が変われば差別はなくなるといった視点です。

これはこれでもちろん重要な取り組みで，先にお話ししたとおり，日本でもこの点から人権啓発目標には性的指向や性自認が，2002年から20年近くにわたって含まれてきています。人権を守るというこの意識が醸成されることは，もちろん理想的ではあります。けれども，人は常にどんなときでも他者に優しくいられるわけではなく，例えば見通せない不安がある中で不寛容がいつのまにか強まっていくということは，COVID-19を機にして今まさに私たちが経験をしていることではないかと思います。適切な配慮というものも，さまざまな課題が山積する社会の中では，後回しにされてしまったり，あるいは，取るに足らない問題として軽視されてしまうこともあります。

先ほどの差別の類型のところでもお話をしたように，人権侵害は，それを意図しないところでも，結果的に生じてしまうことがあります。だからこそ，差別や人権に敏感な意識を醸成することが先で，そのための人権教育こそが

喫緊の課題だ。こういった意見も聞かれます。教育が大切だということは，私自身も，もちろん異論はありません。

　ただ残念なことに，例えば先の学習指導要領の改訂時において，LGBTを明記することは見送られてしまっていますので，向こう10年間にわたり教育現場でLGBTを取り上げるかどうかということは，制度としては確約，保証されていないという状態が続いていきます。なぜ記載を見送ったかという問い掛けに対して，文科省は，「社会の意識が追い付いていないから，LGBTを学習指導要領に入れるのは時期尚早だ」と回答をしています。これは人権保障という視点，そこの重要なもう一つのポイントを見落とした，本末転倒な考え方だと指摘できるかと思います。

　人権保障において不可欠なもう一つの視点というのは，意識を変えることだけではなくて，制度や構造の変革を同時に進めていかなければならないという点です。むしろ，人権の保障が多数派の権力構造への抵抗から生成，展開してきた歴史を踏まえれば，制度や構造に着目することこそ，人権保障の本丸であるとも言えるかと思います。全ての人が全ての権利の享有主体であるという人権の基本原則に立ち返れば，社会の仕組みのほとんどが多数派を前提に作られている時点で，人権保障という取り組みとそれは緊張関係にあるとの認識から出発する必要があります。だからこそ，社会の仕組みそのものを再検討して，必要なところから変革をしていくことこそが，人権保障のために求められる視点であって，姿勢であって，そして行動であると言えるのだと考えています。

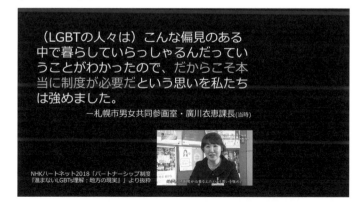

（LGBTの人々は）こんな偏見のある中で暮らしていらっしゃるんだっていうことがわかったので，だからこそ本当に制度が必要だという思いを私たちは強めました。

—札幌市男女共同参画室・廣川衣恵課長(当時)

NHKハートネット2018「パートナーシップ制度『進まないLGBTs理解：地方の現実』」より抜粋

　こういった人権の理解というものを体現した好例を，一つご紹介をします。札幌市では，2017年にパートナーシップ認証制度が導入されました。その制度が作られる過程において，当時担当していた男女共同参画室には，800件に上る反対意見が寄せられたそうです。その800件に上る反対意見を目の当たりにした担当課長のインタビューの言葉です。「LGBTの人々は，こんな偏見のある中で暮らしていらっしゃるんだということが分かったので，だからこそ本当に制度が必要だという思いを，私たちは強めました」と。何らかの制度を導入したり，あるいは制度を変更したりするときには，反対意見は必ず出てきます。それは避けて通ることはできません。けれども，反対意見があるから，まずは理解を深めてから，という，一見すると慎重に見えるような，あるいは両者の意見を等しく聞いているように見える選択というのは，一度立ち止まって考える必要があるかと思います。

　その選択は，見方を変えれば，反対意見を制度として肯定すること，これに直結していて，結果的には差別の構造の維持というものに加担をしてしまうことを意味するからです。だからこそ，制度を作る側，あるいは制度を運用する側は，差別や人権保障に対する通常よりも敏感な視点，そして，それに基づいて制度や構造を変えていく行動力こそが必要なのだということを，このインタビューコメントはわたしたちに教えてくれています。

　今日の講演にご参加くださっている皆さまも，それぞれの立場で何らかの制度や仕組みに，それを運用する側だったり，あるいはそれを利用する側として関わられているかと思います。一人一人の意識を変えていくということも，もちろん重要です。ただ，大学や自治体，企業など，それぞれの組織において，制度や仕組みがどうなっているのか，性的指向や性自認を軸に一度これを見直してみること，そして，それを可能な範囲で変えていくこと。それこそが人権保障のために不可欠な一歩なのではないかと考えています。

5．おわりに

さて，最後にもう一度，最初にご紹介をした SDGs に戻って一言付け加えた上で，私のお話を終わらせていただきたいと思います。

　SDGs，これは2000年から15年間実施された MDGs（ミレニアム開発目標）の後継プロジェクトとしてスタートしたものです。MDGs（ミレニアム開発目標）は途上国を対象として実施され，ある程度の成功をおさめました。これを受けて SDGs は途上国だけではなく，先進国も含めて，また，国だけではなくて企業や市民社会も含めて，世界のあらゆるアクターが，それぞれ

の場で達成すべき目標として定められています。この SDGs が誰一人取り残さないという理念の下に，そこには LGBT も含まれるというのは最初に確認をしたとおりです。

　ただ，SDGs ウオッシングというような批判的な視点もあるように，表面的な取り組みであったり，取りあえず何でも SDGs に絡めておこうといった，そういった姿勢には注意が必要です。例えば，LGBT にフレンドリーな政策を取っている企業が，倒れるまで働くことで従業員を評価していたのでは，目標10には取り組んでいるけれども，その称賛の下の背景で，目標 8 の根幹にあるディーセント・ワークが未達成であるというような現状，そういった現状を覆い隠してしまう危険性があるからです。SDGs の17の目標というのは，それぞれが相互に連関しているということも，確認をしておく必要があるかと思います。

　そして，SDGs について注目すべきものは，SDGs の S に当たる部分，sustainable（持続可能な）という視点です。人々の意識を変えること，これは LGBT を取り残さないために不可欠な条件であるということもできるかと思います。まずは意識を変えていこうといったメッセージや取り組みは，確かに「やっている感」は醸し出せるかもしれません。けれども，その結果として，仮に差別がなくならない状況が続いていたとしても，それは人々の意識がまだ低いからだといった形で，容易に責任が個人へと転嫁されてしまいます。

　とりわけ社会の情勢が不安定になっているときに，人々の不寛容な差別的な意識が再燃するということは往々にして考えられますし，その状況を変える一人一人の努力というものにもやはり限界があります。そもそも，理解できていなければ人権は守らなくてもよいのではなくて，自分の価値観や生き方とは異なるから理解ができないとしても，人権は全ての人に保障されなければならないというのが前提です。だからこそ，LGBT も含めて，全ての人の人権保障を持続可能なものとしていくためには，意識だけではなくて制度や構造，社会の仕組みそのものを整えて，どんな状況になったとしても，全ての人の尊厳を守れる仕組みを作っておくということが重要なのだと思います。

　昨年から，SDGs は「行動の10年」のフェーズに入っています。国レベルの大きな話だけではなく，一人一人がそれぞれに置かれた場所において，これまで LGBT の存在を無視してきた仕組みを変えるために，身近な制度や仕組み，意識や慣習，慣行というものを点検して，それを変えるために行動していくことが，今求められているのではないかなと思います。

　以上，いろいろと生意気なことも申し上げておりますが，こちらで私の講演は閉じさせていただきたいと思います。ありがとうございました。

質疑応答

川眞田　谷口先生，大変素晴らしいご講演ありがとうございました。

谷口　ありがとうございました。

川眞田　大変分かりやすくて，もうこれだけでも十分という気もしますが，幾つか私のほうから質問させていただいて，先生のご講演の内容を深めさせていただければと思います。

　よく LGBT の問題を扱うときに，日本ではこの LGBT 人口の実態把握がつかみづらいという意見があります。一つのきっかけが2012年の電通総研の調査で，LGBT 人口比が大体 5 ％ぐらいだとか，あるいはその後の調査で人口比 7 ～ 8 ％くらいではないかなど様々な数字があがっています。数字が一人歩きしているようなところがあります。LGBT の方たちへの支援施策を行う上で，行政も実態把握をどうすればよいのか悩ましく思っています。谷口先生，この点何かお考えやアドバイス等あれば，伺えればと思います。いかがでしょうか。

谷口　実態把握というのはやはり重要な意味をもつと思います。例えば，数値的なエビデンスがないとなかなか具体的な政策が進めていくことができないのが現状です。ただ，例えば LGBT に関連したデータについては，正確性をどれだけ追求しても，そこには必然的な限界がでてきます。

　例えば社会統計の中で LGBT の人口をどう把握をしていくのか，いろいろと研究はされているのですが，なかなか正確性を期すのは難しいのが現状だと思います。例えば調査をしても，そもそもどうしてその調査に自分のセクシュアリティを言わなければいけないのかとか，これを言ってほんとに大丈夫なんだろうかっていうところで，なかなか正確な数値っていうのは出てきません。また，LGBT という言葉もいろいろなカテゴリーがあって，性的マイノリティとか，Queer とか，エイセクシュアルの人々であったり，インターセックスの人々であったり，あるいはパンセクシュアルの人々であったりとか，ノンバイナリーの人とか。それら全てを「あなたはどういう属性ですか」と聞こうと思っても，なかなかこれは難しくなります。ですの

で，そもそもどの統計が正解か，ということは統計学的な関心以外では，あまり本質的な意味をもたないと思います。

　むしろ，大体どこの国のデータを見ても，おおよそ５％から８％という数値が今のところは出ていて，差し当たりそれくらいというレベルの把握でいいのではないかなと私自身は思っています。とりわけ今日お話ししたような人権の視点からみると，別に５％だから取り組まなければいけないとか，15％もいるから取り組まなければいけないというのは，そもそも人権の視点としてはおかしいわけです。例えば0.1％であっても0.01％であっても，その問題が人権侵害と捉えられるのであれば，きちんと取り組んでいかなければいけない。数の多さというのは，基本的には問題にならないはずなんですね。なので，その数にあまり固執をしないようにしながら，実態把握を進めてく必要があると思います。

　また，実態の把握についても，例えば，じゃあ当事者の人たちがどういうふうに，何に困っているのかっていうのを，当事者を呼んで聞いてみましょうという形でおわってしまう場合も多くみうけられます。こういうことも実は長らく同じようなことがやられてきていて，それに関する書籍とかも，すでにたくさん出されています。そろそろそういった「当事者に話を聞いてみよう」という段階ではなくて，いろいろなデータであったりとか，研究であったりとか，あるいは当事者の手記であったりとか，そういうものをきちんと読んでいただいて，じゃあ具体的に社会はどう変わらなければならないのか，という点にフォーカスをあてていく時代にきているのだと考えています。

　川眞田　そうしますと，もちろん数の大小で対応に違いが出てはいけないわけですから施策は粛々と進め，また実態把握についても，当事者の声を聴くなどの安易な方法だけでなく，さまざまなツールを使って今後も努力を続けるということが重要なのですね。

　谷口　そうですね。

　川眞田　ありがとうございます。大変素晴らしい視点をいただきました。

　それから，先ほど性同一性障害特例法についても丁寧にご説明をいただきましたが，この特例法が世界一厳しい要件を課している法律ということですね。制定が2003年ですから，そろそろ見直しも検討すべき時期ではないかと思いますが，谷口先生はその辺りはどのようにお考えですか。

　谷口　性同一性障害者特例法が世界一厳しい法律だというのは，私が昨年の在外研究中に，2回これを実体験してきました。1回目は，LGBTに関連する比較法のレクチャーシリーズにオランダのライデン大学で参加したときに，発表者の方が一番厳しい条件をもつ国として日本を紹介されていました。2回目はプラハで参加したNGOの会合で，先ほど地図でもお見せしたのですが，ILGAという団体の調査結果を聞く機会があって，そこでトランスジェンダーに関連する法政策の比較の中で，一番厳しいのは日本ですよっていう形で，またこちらでも紹介をされていました。学術業界においても，市民社会においても，最も厳しい条件として日本が紹介をされてしまうことについて，当事者の人々の人権をそこまで侵害してしまう法律が存在しつづけていることに，有権者の一人として恥ずかしさを覚えたところでした。もちろん2003年の制定時から何も変わっていないわけではなく，例えば2008年に「現に子がいないこと」が「現に未成年の子がいないこと」と改正されたのですが，規定の趣旨は変わっていないので，20年近く実質的な改正はない状態とえいます。

　そういった，国際社会からの視点が，なかなか日本では的確に受け止められていないところがあるかと思います。たとえば，日本には温泉の文化があるから手術要件は外せない，といった不思議な天秤のかけかたが説得力をもってしまったりします。そういったこともちろん，日本の土着の状況を考えていくことも必要ですが，じゃあ，それが人権を侵害していく手術というような，自分の体を変えていくっていうところまで人々に要求をしていくような，そういったメリットがあるのだろうかっていうところも，やはり考えていかなければならないのではないかなと思います。今，世界的にも一番大きな話題になっている生殖不能要件というもの，こちらの要件というもの

も中心に改正をしていく必要があるというのは，日本に与えられた喫緊の課題なのだと認識しています。

　川眞田　そうですね。あまりこの辺りのところも議論になっていませんね。やはり今回の講演会のような機会を利用して，その問題点を皆さんに認識していただくことが必要だと感じます。この特例法が，世界一厳しいと言われていること自体ももっと日本の皆さんに知っていただきたいですね。

　それでは次に，自治体のパートナーシップ認証制度のことについて伺いたいと思います。このパートナーシップ認証制度は，ご存知のように2015年に渋谷区と世田谷区から導入が始まって，77（2021年1月時点）の自治体で導入されています。ただ，海外でいわれているところのパートナーシップ制度とは違うという点を説明していただいた上で，この日本の自治体のパートナーシップ認証制度について，その導入の意義について説明を付け加えていただければと思います。よろしくお願いします。

　谷口　はい。やはりよく混乱をされるところがあります。例えば，私も大学で授業をやっていて，日本では同性同士で結婚ができないんですよ，という話をすると，「いや，でも，渋谷でできるはずですよ」と学生さんから指摘されることもあったりします。

　結婚という言葉がイメージとして使われているときには，なかなかそこを厳密に区別して理解をすることが難しくなるんですが，先ほどもちょっと講演の中でもお話をさせていただいたように，結婚というのは基本的に国の制度なので，自治体でそれの条件を変えることはできません。では，海外のパートナーシップ制度とどう違うのかというと，これも国の制度なのか，そうではないのかという違いになります。海外である，いろいろな国で作られてきたパートナーシップ制度は，あくまでも国レベルにおいて，同性間に，結婚ではないけれども，少し違う形で法的な保障を与えていこうという制度です。日本でいう自治体のパートナーシップ認証制度とは，そもそも作っている場所が違う，適用される範囲が違うものなのです。

　自治体のパートナーシップ認証制度というのは，自治体が作っているもの

なので，自治体には，家族とか結婚に関する利益を与えるかどうかを判断する権限は基本的に与えられていません。例えば渋谷区などいろんなところで出されてる証明書は，結婚のような関係として，私たちの自治体では認識していますよ，ということを伝えるだけのものなので，そのものとして，具体的には法的な効力をもってはいません。自治体によっては，その自治体の管轄内にある公営の住宅や病院に入りやすくなることはありますが，それは国で家族や結婚として認められるのではないので，例えば配偶者としての権利が認められるのか，相続が認められるのかというと，そうではありません。自治体のパートナーシップ認証制度について的確に認識しておいていただきたいのは，国の制度ではないという点です。

　ご質問の2つ目の点ですけども，じゃあパートナーシップ認証制度っていうのがどういう意味があるのかというと，これは，私はすごく重要な意味があると思っています。確かに法的にはかなり弱い制度にはなっていますが，そのパートナーシップ認証制度があることによって，例えばそこの自治体に住んでいる人たちが，自分たちが公的に認められた存在であると感じて，安心感をえることができます。仮にパートナーシップ認証制度を持っていないとしても，あるいはパートナーがいないとしても，自分たちの関係性とか自分の生き方というものは，別に公にとっても普通のことなんだと，当たり前に認められていることなんだという認識を持って，安心して暮らすことができるようになります。そういった象徴的な意味においての非常に重要な影響力がこの制度にはあります。また，当事者だけではなく，周りの人から見ても，例えば渋谷でパートナーシップ認証取っていますと言えば，あの形での家族として生活をしているんだねというふうに，周りも認識しやすくなります。それが積み重なっていって，今70を超えている自治体で実現をしているわけですが，これがさらに積み重なっていけば，例えば人々の認識の中で，そもそも同性間でも結婚相当として認められるのは当たり前なんじゃないか，というような認識が広がっていって，それが国の法制度を動かしていく一つの土壌をつくることになるかもしれないと言えるかとも思います。

　これ，別に何か私が無根拠に予測を言っているわけではなくて，例えばドイツやイタリアなどでも，いまの日本のような自治体レベルでのパートナー

シップ認証が国の法制度に結び付いていったっていう例はあるわけです。自治体っていうのはやはり住民と一番密に接するところなので，住民がどういうところに困っているのかというと，実は家族として認められないということが，生活そのものの具体的な利益を超えたところで，安心・安全に暮らせていないというような現状があれば，それに対して手当てをしていくっていうのは，自治体だからこそできることだと思います。そういった自治体がこれからも増えていくことによって，社会の認識そのものが転換していくきっかけにはなっていくのかなと思います。

　　川眞田　そうしますと，世界の知見からも，この自治体のパートナーシップ認証制度の導入が進展すると，それが国の政策を動かすことにもつながる重要な取り組みであるととらえていいのですね。

　　谷口　そうですね。

　　川眞田　ありがとうございます。
　　それから，さきほどは谷口先生から，国連の様々な条約機関や人権理事会からの勧告について丁寧にご説明をいただきました。このように国連から勧告を受けて，日本がこれにどのように対応しなければならないのか，その辺りのところに少しご説明を加えていただければと思います。

　　谷口　国連とか条約機関からの勧告については，これ自体がいわゆる法的な拘束力を持っているとか，違反をしたから何か賠償金を払わなければいけないとか，そういったレベル，そういった性格のものではないということは確認しておく必要があるかと思います。ただ，だから守らなくていいという話ではありません。法的拘束力の有無はそれほど重要な問題ではなくて，むしろ，国際社会の一員として条約に拘束されている以上は，これについて専門的な判断が下されている内容については，きちんとした対応をしていかなければならない義務はあるといえます。
　　少しだけ専門的なところに入らせていただくと，例えば，日本では憲法98

条2項に，国際的な約束は誠実に遵守しなければいけないというふうに書かれているんですね。誠実な遵守といった場合，法的な拘束力はないから知らないっていうのは，それ誠実さは全く欠いてるわけですね。だからこそ，誠実というのは，遵守する方向で物事を考えていかなければいけなくて，遵守できないのであれば，それがなぜなのか，いつまでに遵守できるようにしていくのかという道筋，プロセスをきちんと示すことが求められるわけです。なので，単に法的な拘束力がないから，これは守らなくていいんだという話ではなくて，きちんとした形で政策を進めていく中で，まだ守れていないという状況があれば，それについての正当な理由があれば，それをきちんと示していくことは必要だと考えられます。

　この誠実な遵守もそうなんですが，それだけではなくて，先ほどのUPR（普遍的定期審査）との関連で重要なポイントもあります。UPRが行われている作業部会は国連人権理事会に置かれているわけですが，国連人権理事会は国連の加盟国の中から，人権をきちんと守っていく主導的な役割を果たせる国が理事国となっています。実は日本は，国連人権理事会ができた2006年からずっと理事国を務めています。理事国となるためには，立候補をして，選挙で選ばれなければいけないんですが，立候補するとき，自分の国は人権についてこういうことを守っていきますよっていうことを，自発的誓約として，国際社会にアピールをして，演説をして，それで選挙が行われるシステムになっています。選挙公約みたいなものです。

　ちょうど一昨年，在外研究のときに，国連人権理事会の理事国選挙があって，ジュネーブで行われた選挙の公聴会に傍聴へ行ってきました。そこで，実際にその場で，日本政府代表は日本の自発的誓約として，日本はLGBTについて国内でもきちんとした政策を行っていきますということをアピールして，理事国に選ばれているんですね。アピールとして使っているけれども，でも，いろいろ改善勧告が出てるじゃないか，という質問が出たんですが，特には何も答えずに，日本では国内ではきちんとやっています，という回答でした。それから，国連の中でもLGBTに関する取り組みの中心的役割を果たしているLGBTIコアグループという非公式サークルがあるんですが，日本はそのメンバーの一国なので，そのことも積極的に取り組んでいますよ

というアピール材料として言及していました。

　このアピールをしておいて，いまだ国内の状況にいろいろな勧告が出ているっていうのは，明らかな矛盾だと思います。国際社会で見せている顔と，国内社会での政策をきちんと一致をさせていく必要があるのではないかなと思います。ちなみに，条約機関についてもうひとつ付け加えれば，条約機関の専門家委員として，実は日本から多くの委員が輩出をされていて，10ある主要な人権機関のうち6つに，日本から専門家委員が立候補して選ばれているんですね。これは世界で一番多い輩出割合です。そういった委員がいながら，なかなか国内の人権状況は進展していなくて，国連から言われたことは法的拘束力がないから別に守らなくていいんだっていうのは，やっぱりちょっとおかしいんじゃないかな，と思います。

　川眞田　そうですね。人権条約を批准しているということは，締約国にはその条約を履行する法的義務が生じますから，人権条約機関からの勧告に法的拘束力がないとしても条約の重要な解釈基準ですから，それを誠実に履行する義務があります。UPRの場合でも，国連憲章を批准して国連加盟国になっている限りは，当然その勧告を誠実に履行する義務があるわけです。日本政府には，これら条約機関・国連からの色々な勧告には法的拘束力がないとして，その履行から逃げてしまう姿勢があるという印象をもちます。前向きに，これら勧告を誠実に履行していくという姿勢が，日本政府には求められるところですね。

　谷口　すいません，もう一つ付け加えさせてください。もちろん，実際に進んでいないというところもそうなんですけれども，ある意味で，私これはすごくもったいないことだとも思っています。具体的にこの問題についてこういう改善が必要だ，それが国際人権基準に合致しているんだ，という有益なアドバイスがきているのに，政府の側が使わないっていうのが，非常にもったいないことだと思うんです。要するに，何かやらなければいけないとき，何かのエビデンスが必要なのは政策を進める上では重要で，そのエビデンスとして使えるものを法的な拘束力がないから使わないっていうのは，す

ごくもったいないなと思います。だからこそ，こういったいろんな勧告に誠実に向き合っていくことが必要なのだと考えています。なぜこの話をしたのかというと，国連の勧告というものは，何も政府だけに向けられていなくて，公の機関すべてに向けられているからなんです。そこには自治体も当然に含まれています。自治体が何かの政策をするときに，この国連の勧告を使うっていうのは，国連からも歓迎されることですし，国連のさまざまな改善勧告の性格からも間違いではないんです。間違いではないというか，むしろそれが正解の使い方なので，今日は品川区さんの後援も入っているということで，ぜひ，自治体の皆さんに使っていただけることを，国連は望んでいる，ということもお伝えをしておきたいと思います。

川眞田　素晴らしい視点だと思います。ありがとうございます。

　それでは最後に，差別解消への色々な取り組みについてもお伺いできればと思います。先ほどのご報告の中で，国連人権高等弁務官事務所の『Born Free and Equal』という文書を紹介されましたが，まずこの文書はどのような意義があるのか，教えていただけますか。

谷口　2011年に国連人権理事会で「性的指向，性自認に関する人権決議」が出され，それに基づいて国連人権高等弁務官事務所がさまざまなレポートを出したりしています。そのレポートの内容や2011年よりも以前の条約機関での国家報告制度や個人通報制度，一般的意見などの中で積み重ねられてきた実行をもとに，最低限それぞれの国が何をしていかなければいけないのかを，分かりやすくまとめたのが，この『Born Free and Equal』という文書です。

　ですので，突然，2012年になって，国連人権高等弁務官事務所が，何かこんなプロジェクト始めてみようって始めたものではなく，今までの蓄積を分かりやすくまとめて，それは国に対する義務をリストアップしたものです。国連の文書はもともと英語も大多数のノンネイティブにむけてわかりやすく書かれているんですが，その中でもこの文書は体系的ですごく分かりやすい文書になっています。この文書は市民社会や企業の側でも，きちんとすぐ読

むことができて，体系的に把握することができるので，何が足りてないかを国に問いかけたり，自分たちができることをやっていったり，そういう指針になるように分かりやすいガイドラインが作られたというところです。

　この2012年のガイドラインに基づいていろいろな取り組みが進められていて，そのひとつが国連人権理事会の特別手続きのもとで任命された性的指向と性自認に関する独立専門家の活動にもとづくインプットがあります。任命された独立専門家が，さまざまな調査や研究を進めていて，そこで出てきたいろいろな国の実行とか，いろいろな国のこれまで見過ごされてきた問題点とかも集めたものを参考に，2019年には『Born Free and Equal』の第2版が出されています。第2版も5つの義務の枠組みというのは変えていないので，差し当たり現在の国際的な，国際法上の義務としては，この5つが最低限守らなければいけない，実現していかなければいけないものとして，国際社会の中では認識をされていると，こういった位置付けになります。大事なのは，これが突然出てきた文書ではなくて，これまでの20年以上にわたる国連のさまざまな議論が反映されていることです。もちろんその中にはさまざまな反対意見もありました。その反対意見も含めて，どのようにこれから進めていくべきなのかという指針が示された文書として位置付けることができるかと思います。

　川眞田　そうしますと，これは今日の国連における，ある種最低基準というか，そういうガイドラインみたいなものと意識してよろしいですかね。

　谷口　最低基準ですね。これだけはやりましょうというところです。

　川眞田　このガイドラインについてご説明いただいたのですけれども，最後に谷口先生が，やはり制度的な問題，構造改革がやっぱり不可欠という点を強調されていたと思います。具体的にこの制度や構造改革について，どういったことが日本で特に求められるのか，もう少し詳しくお話しいただけますでしょうか。

　谷口　いろいろと思うところはあるのですが，やはりよく考えてみると，それぞれの場所によって，あるいはそれぞれの置かれた立場によって，できることは本当にばらばらだと思います。例えば自治体で何ができるかということを考えたときにも，自治体の規模や地域の特性，その自治体の組織構成やその土地の気候や風土，雰囲気とか，そういったものによってもいろいろできること，できないこと，あるいはやるべきことっていうのが変わってくると思います。具体的にこれ，というのは，一概にお示しすることが難しいというのが正直なところです。

　制度や構造を変えていく，仕組みを変えていく必要があるということについて，今日は国連から国が何を言われているのかという視点でお話をしているので，国が何をしなければいけないのか，国をどうしていくのかといった大きな話をしているようにも聞こえてしまったかもしれません。ただ，私が念頭に置いている制度や構造というのは，私たちが生きている身近なところも含めて，それは例えば企業であったり，大学という組織であったり，あるいは社会のコミュニティであったり，何かのサークルであったり，または家族の関係であったりとか，そういうところも含めて，いろいろと考えていく必要があるんじゃないかと思っています。

　特にその中で考えるべきは，LGBT という存在を無視した状態で制度や構造がつくられていることそのものを問い直していく必要があるのではないか，その意味で，制度や構造というのは，大きい意味での国レベルの制度や構造としての法律や行政の施策だけでなく，私たちの日常の行動であったり，日常の発言であったり，考え方やコミュニケーションであったり，いろいろな人との関係性とか，それらすべてを含めて仕組みを考えていく，変えていく，仕組みを問い直していく必要があるんじゃないかという意味で，この制度や構造という事柄をお話しているところです。

　ある意味では，そういった視点だけのお話をして，具体例を示さずに逃げてるだけじゃないかと思われるかもしれませんが，それは正直当たっていて，具体例を示すことは，むしろ敢えてしていません。それは何らかの場面や人に共通するものというのは，多分，存在しないのだろうと思うからです。これは，それぞれの人が，それぞれの立場に立って考えるときに，この視点を

もって考えると違う光景が見えてきた，という体験を積み重ねていただくし
かないのではないかなと思っています。そのためには，例えば他の企業とか，
他の自治体とか，他の大学とかのいい取り組みだったり，あるいは逆に悪い
な，変だなと思う取り組みを見てみることは重要で，その上で，単にそれを
真似たり，反面教師にするだけでなく，自分たちなら何ができるかをフィー
ドバックしてみるとか，そういった日々の実践の積み重ねが必要になってく
るのではないかと考えています。

　　川眞田　先ほどのお話の中にも出てきたのですが，例えば包括的差別撤廃
法であるとか，あるいは包括的差別撤廃条例であるとか，あるいは国内人権
機関の設置などをイメージされているのかと思ったのですが，谷口先生が
おっしゃってるのはもっと広い意識改革みたいなことも含め，そこから制度
も変えていこうという方向性ととらえてよろしいでしょうか。

　　谷口　そうですね。視点をかえていくという意味での変革は，大きな意味
でいう国レベルでの制度や構造を同時並行していかなければいけないことだ
と思います。むしろ，ご指摘いただいたような国内人権機関や差別禁止法を
つくっていくことによって，視点を変えやすくなる，という点も重要かと思
います。差別禁止法については，さしあたり SOGI に関連する差別の解消に
特化した法律をつくることも重要ではあるのですが，やはりそこには包括的
な差別禁止法を作っていくプロジェクトを進めていくことも日本にとっての
喫緊の課題だと思います。

　　川眞田　それでは，ほんとに最後になりますが，LGBT 差別解消のため
に意識改革が必要だということで，自治体などでもすでに様々な施策を進め
ておられると思います。そういう意識改革を推進していく上で，何が一番重
要なポイントになるのかについてアドバイスをいただけるとありがたいです。

　　谷口　はい，ありがとうございます。意識改革を進めていくのは，ほんと
うに重要です。よく教育が必要だ，それは学校教育だけではなく生涯教育も

必要だ，といわれます。もちろんそこは私も賛成をするところで，そこはぜひぜひ，どんどん進めていくべきだと思っています。

　今日のお話との関連で付け加えるならば，やはり意識というものは，意識だけでは存在をしていない，ということの認識も必要だと思います。その意識というものを，例えば制度がつくり上げていたり，制度の中で自分が持っている意識が見えなくなってしまうこともあるので，意識を改革していくためには，やはり制度も同時に見る必要があって，制度を変えることで意識が変わることもあれば，意識を変えないと制度が変わらないこともももちろんあり得るわけです。その両者を同時並行しながら，できるところを変えていくことが，やはり重要になってくると思います。意識を変えるっていうときには，少し変な言い方ですが，意識だけに意識を向けないことが重要なのだと思います。

　例えば，法務省が20年近くにわたって人権に関する意識啓発活動をしていますが，その啓発項目は，年を追うごとに増えています。増えていく一方で，減ることがないというのは一体どういうことなのか考えてみると，やはり意識を変えることだけに意識を向けていても問題は解決しないっていうことだと思います。それがこの20年間の人権教育推進法の取り組みの中で明らかになったわけで，そろそろそこを見直していく時期に来ているのではないかなと思っています。

　川眞田　そうしますと現在は，やはり国のレベルで何らかの差別禁止法の制定であるとか，国内人権機関の設置だとか，個人通報制度の導入だとか，そういう法的な整備が優先的に取り組まれるべき時期に来ているのではないかと感じます。啓発とか意識改革に関する施策は，自治体などでもすでにいろいろ取り組んでいるところもありますから。この点どう思われますか。

　谷口　そうですね。やはりそろそろ，ということもそうですし，実際問題として差別禁止法などの法政策は不可欠になってくるかなとも思います。ただ，やはり差別禁止法とかそういった法政策が必要だと言ってしまうと，そこで直接動けるのは議員さんだったりという大きな話になっていくので，そ

こだけではなく，例えば大学の福利厚生などの規定がどうなっているのか見直したり，企業の中でLGBTの職員さんだったり，さまざまな差別や，マイノリティの立場に置かれている人たちが，きちんと意識されているのかというところも含めて，社内規定や社内設備を見直していくことも，必要になってくるのかなと思います。そういった大きな枠組みの話もそうですし，小さな枠組みの，それぞれの人が直接関わってるような仕組みも，やはり変えていく必要があるのだと思います。それは意識の問題とは別として，意識も進めながら，そういった制度も必要になってくる，ということです。

　ひとつ思い出したのが，これも在外研究のときの話なのですが，ドイツのボーフム大学で講演をさせていただいたときに経験したことです。ボーフム大学はLGBTに関連する学生支援の取り組みがきちんとしていて，非常に細かいところなのですが，男性用トイレの個室に無料の生理用品とサニタリーボックスがふつうに置いてありました。トランス男性の中には，身体の状況によって生理がある場合もありますので，男性用トイレの個室でのこういう取り組みは，実際に便利なだけでなく，インクルーシブな状況で安心感をあたえる効果もあるわけです。サニタリーボックスを置くという一つの行動が，男性として生きている人の中でも生理がある人たちがいるということの意識啓発にもなるし，その人たちの安全性や安心にもつながっていきます。それほど予算もかからないし，簡単にすぐにもできることなので，そういった身近に何が足りていないのか，何がLGBTの人たちとか，それ以外にもマイナーな位置に置かれている人たちをいないものとして扱っていないかということを，見直していく，そういった一つ一つの取り組みも，やはり重要になってくるのかなと思います。そこからもっと大きな意味での法政策とか，国レベルでの制度設計というのも，同時に議論をしていく必要もあるのだと思います。

　川眞田　いろいろな示唆的アドバイスをいただけたと思います。本当にありがとうございました。

　谷口　ありがとうございました。

　川眞田　それでは，柴田先生，Q&A のコーナーに入りたいと思います。よろしくお願いいたします。

　柴田　はい，それでは，質疑応答に移りたいと思います。谷口先生の講演内容について，たくさんの質問をいただいています。一つずつお答えいただきたいと思います。まず，「女性差別撤廃や男女共同参画推進においては，男女という性別を前提としていて，ジェンダー統計による実態把握が重要だといわれています。」と。「一方，谷口先生のお話では，LGBT の人権問題は数にとらわれずに進めるべきだというお話がありました。この 2 つの取り組みについては，どのような関係でしょうか。」ということです。男女とLGBT の非常に興味深い指摘だと思いますが，いかがでしょうか。

　谷口　非常に重要なご指摘で，ジェンダー統計という重要な取り組みをLGBT 施策がなきものにしてしまうのではないかという懸念をよく聞くことがあるのですが，それは大きな誤解だということはご理解いただければと思います。ジェンダー統計が重要であることは特に強調する必要もないほどですが，例えば女性がこれまで置かれてきた立場の実態を把握して，そのエビデンスに基づいて政策を進めていくのは非常に重要です。
　LGBT 施策は，ジェンダー統計が男女だけしか扱えていないから良くない，といっているのではなく，ジェンダー統計の取り方において，性自認や性的指向の多様性を考慮する必要がある場面では，的確に反映させるべきだ，という点がポイントになります。ジェンダー統計を取るときに，単純に身分登録上の性別だけでわけてしまっていいのか，女性として生きてる人たちの中には，いわゆる身分証明書上あるいは身分登録上，女性とは登録されていない人たちもいれば，性別によって自分をあらわすことそのものに居心地の悪さを覚える人たちもいます。そこも含めて統計を取るときには，あくまでも性別というものは個人が決めるセンシティブな情報であるということを前提として，どういう目的でその統計がとられていて，なぜそのデータが必要なのか，そこではどの意味での性別を，どういった形でとることが適切か，きちんと考えていくことが重要だと思います。

54

LGBT の人権施策において，ジェンダー統計は不要だ，という話は基本的にでてきません。ジェンダー統計は非常に重要なものではあるけれども，ジェンダー統計の取り方であったりとか，ジェンダー統計の扱い方，それを公表するときにどういう形で公表をしていくのか，性別を明らかにしたくない人やノンバイナリーな人にどう聞き取り，どう扱うか，そこを丁寧に考えていくことを求めているにすぎません。統計値そのものはもちろん必要であって，女性の中でも，性的指向や性自認だけではなく，いろいろなマイノリティ性を持っている人たちがいることを意識することもまた必要です。ジェンダー統計と LGBT の法政策は対立するものでもなければ，どちらかを否定するものでもなく，根幹にあるジェンダー規範という共通の問題について，取り組んでいけるものだと思っています。

繰り返しになりますが，ジェンダー統計はもちろん必要であって，そのジェンダー統計の取り方を LGBT の問題を視点として入れていく必要もある，けれども，それ自体を廃止していくという意見を実際に私自身は聞いたことがありません。ジェンダー統計と LGBT の法政策は，同時並行して進めていく，関連する部分は関連させて考えていく必要があるものだと理解をしています。

柴田　はい，ありがとうございました。
次に2番目の質問ですけれども，「最高裁判所が選択的夫婦別姓に係る判断で，社会意識を理由に是正を認めない姿勢は」，谷口先生が，講演の最後におっしゃられていたことだと思うのですが，「制度や構造を変革していく必要があると言っていたのに照らして，差別についての理解を欠いているというふうに考えているんですが，いかがでしょうか。」ということです。

谷口　ご質問，ありがとうございます。そのとおりですね。私は，最高裁であれ，裁判所が社会の意識や人々の理解に依拠して判断を下すのは，そもそも間違いだと認識をしています。社会の意識がまだ変わっていないというのは，人権を促進していく，人権擁護あるいは人権保障の一翼を担っている司法府としては，あり得ない判断だと思います。その意識を変えていくこと

自体は，たしかに司法府の役割ではありませんが，その意識が差別的なのかどうか，その意識が人権侵害であるのか，その意識が憲法や人権条約に違反をしているのかどうかということを審査することこそが，裁判所の役割だと思います。そこをすっ飛ばして，社会の意識がとかというふうに言ってしまうのは，任務放棄だと言っても過言ではないとも思っています。

　先ほどの国連からの勧告の影響の話にもつなげてみると，よく国連からの勧告というと，行政府や立法府に対するものだと思われがちなのです。実際には，国全体，特に公の機関に対して直接的に言われていることなので，当然に司法府である裁判所にも向けられています。裁判所もこれらの勧告を守らなければいけないので，仮に裁判所が明らかに条約機関からの勧告に従わないのであれば，それにはきちんと条文の解釈を示した上で，なぜ従わないかを示さなければいけないはずです。勧告だから法的拘束力がない，というのは，違う解釈をとることの理由にはならないからです。

　柴田　ありがとうございます。では，3番目の質問ですが，「講演ありがとうございます。」ということで，「ジョグジャカルタ原則プラス10の意義と効果について，先生がどのように考えられるのか。」という点と，「日本の裁判所のLGBTやSOGIに基づく差別に対する態度について，先生がどのように思われているか。」という質問です。

　谷口　ご質問，ありがとうございます。ジョグジャカルタ原則については講演ではほとんど触れていなかったので補足させていただきます。ジョグジャカルタ原則は2006年に採択をされて，2007年に公式発表されたもので，国際人権法の性的指向や性自認に関連するこれまでの解釈実践をまとめた人権宣言集のようなものです。この原則は法的な文書とか，国連の文書とか，政府間の合意というわけではなく，市民社会が作ったものです。市民社会が作ったのですが，一つの特徴としては，市民社会とはいえ，起草者は自由権規約委員会の現役の委員で，採択のメンバーには女性差別撤廃委員会の元委員や国連特別報告者などもいて，メアリー・ロビンソン元国連人権高等弁務官も採択者の一人だったりします。国連の高官が市民の立場で作ったものな

ので，権威的な正統性もあるとみなされていて，事実上，国連の施策はこのジョグジャカルタ原則に沿う形で進んできています。実際に国連開発計画や国連人権高等弁務官事務所の文書でも引用されたり，国家の義務を5類型にまとめた『Born Free and Equal』も，まさしくジョグジャカルタ原則を基盤にして作られています。

　ご質問にあったジョグジャカルタプラス10は，2006年のジョグジャカルタ原則から10年を記念して，2017年に10年間の実行を新しい原則や国に課せられる義務として追加したものです。このジョグジャカルタプラス10を参考にしながら，『Born Free and Equal』も2019年に第2版が公刊されています。いわばジョグジャカルタ原則と国連人権高等弁務官の報告書，SOGI特別報告者の報告書，『Born Free and Equal』は段階的に並行しながら進められている状態です。

　このジョグジャカルタ原則プラス10にどういう意味があるか，ですが，プラス10は現在進行形の問題も多く扱われているため，確定していた解釈をまとめたもともとのジョグジャカルタ原則より，かなりラディカルというか野心的な性格のものです。まだ国際社会では解釈として確立されていないような内容も含まれています。ですので，そのラディカルさをどう評価するかによって，プラス10の評価は変わってくると思います。法学者としての視点からすれば，ちょっと行き過ぎている原則も含まれていて，そこまで国家に義務付けられている国際基準とみなせるか，というと，少し野心的過ぎるかなと思います。ただ，市民社会の側として見てみれば，ロビイング活動などの場面では非常に重要な文書としてジョグジャカルタプラス10は使うことができるものだ，とも言えます。

　柴田　次の質問は，「日本の裁判所のLGBTやSOGIに基づく差別に対する態度について，どのように思われますか。」です。裁判所の態度についてですね。

　谷口　裁判所の態度というのを一言で言うことは難しくて，それは裁判官による，というのが的確な回答かとも思います。裁判官によっては，LGBT

について非常に理解のある裁判官もいれば，理解どころか典型的な嫌悪感をあらわにする裁判官もいらっしゃいますし，先ほどお話ししたように，社会の認識が追いついていないとか，社会的なコンセンサスが得られていないことを理由に，LGBTの問題はまだこれから立法府が議論していくことだから，裁判所はその判断を待っている，といったスタンスの裁判官も多く見受けられます。国際社会から求められている裁判所の義務を果たしていない，その考察すらしていない，正当化すらできていない，という現状であることは，先ほどお話ししたとおりです。

　ここで重要になるのは次の2つのことだと思います。1つは，裁判官あるいは法曹界全体に対するLGBTに関連する教育です。性的指向や性自認，あるいはそれぞれのマイノリティ問題や差別問題に関する認識を高めていくことが重要で，例えば司法修習上のカリキュラムとして入れていくといった具体的な方法を検討すべきだと思います。もう1つは，先ほどからお示ししているような国際人権法に関連する裁判官あるいは法曹界全体の認識を改めていくことです。裁判官も国家権力の一部として，国際人権法の締約国の義務の名宛人なわけですし，国連機関からの勧告というものは，立法府だけに向けられているものではないということを，きちんと認識していく必要があると思います。こちらも司法修習上のカリキュラムに，国際人権法をきちんと組み込んでいくことなどが考えられます。

　柴田　残り2つに絞らせていただきたいと思います。次は「ダイバーシティーやLGBTという言葉の広がりに対して，従来の女性の権利を中心とした男女平等を目指す立場からは，ジェンダーの多様化によって男女平等の重要性が希釈化，薄まってしまうのではないかという声もあるかと思います。他方，ダイバーシティーやジェンダーの流動性を重視する立場からは，男女という二分的な考え方は，お話のとおり合わないことになると思います。このような流れをどのように調和させていけると考えられますか。」という質問です。

　谷口　ありがとうございます。希釈化される，という懸念は，私は杞憂だ

58

と思っています。むしろ，男女平等とジェンダーの多様性の根幹にはジェンダー格差を維持してきた構造や規範という共通した課題があるので，その課題を意識しながら取り組んでいくことで，希釈化どころか，より根源的な男女平等へとつながっていく流れと理解すべきだと思います。男女共同参画やジェンダー平等の中で問題視されてきたことの根本には性別二元論や異性愛中心主義があるわけで，そこを問い直していくことこそ，むしろジェンダー平等をより深い意味で実現していくことが可能になります。むしろ，そこを問わないままに，シスジェンダーやヘテロセクシュアルを当たり前のものとして進められる男女平等施策は，2000年代のバックラッシュへの対応がそうであったように，いつの間にか，男性優位の社会構造の維持に加担してしまう過ちをくりかえすことになると考えています。

　ですので，ジェンダーの多様性は男女平等を希釈化するのではなく，むしろその取り組みというものをより豊潤化させ，その方向性をより確実なものと認識していくべきものだと思います。

　これは逆からも同じことが言えて，LGBT の問題に取り組む中で，単純にダイバーシティーの類型のひとつにジェンダーの多様性を入れるのではなく，それが男女の構造的な格差とどう絡んでいるのか，あるいはそれ以外にも障害者や外国籍といった他の差別問題とどう絡んでいるのかをきちんと把握しながら進めていくことも重要だと思います。LGBT の問題への取り組みでは，ジェンダーの視点が欠如してしまうことも往々にしてありますので，ジェンダーがどういう意味で LGBT の問題を関連してくるのか，LGBT 施策の中でも中心的な課題として取り上げていく必要があると思っています。

　柴田　ありがとうございます。

　最後の質問になりますが，都内の中学校で勤められている方からです。少し難しい質問だと思いますが，中学校では保健体育の授業は男女別で行われるし，身体検査も男女別であると。「生徒の中には恐らく性的マイノリティ当事者はいると思うし，なかなかオープンにしづらい中学校の雰囲気の中で，当事者への合理的配慮にはどのようなものが考えられるでしょうか。」という質問です。

谷口　ありがとうございます。こういった具体的なご質問には，非常に重要なポイントが幾つも含まれていると思います。私自身もいまは大学教育の現場にいますが，中学校の教育現場に生徒としていたのはもう30年以上も前のことなので，実感としてほとんど覚えていません。具体的な課題とそこへの解決については，やはりその現場にいらっしゃる方々のあいだで，試行錯誤を繰り返しながら，話し合いを続けていただくことが必要だと思います。何か明確な正解があるものでもなければ，マニュアル化してどうにかなる事柄でもないと思います。

　ただ，いろいろな良い実践例はありますので，そういった実践例を学びつつ，それぞれの現場のニーズ等に翻訳して，適用していくことが重要かと思います。例えば，性教育の重要性は多くの方が認識していることですが，それをどの段階で，どのように実践していくのか，都会と地方の状況の違い，学校の規模の違い，子どもたちの性別構成，教える側の性別や年齢など，さまざまな考慮事項があります。性やジェンダーの多様性に配慮した更衣室のあり方に関する問題も，設備の物理的な限界や予算なども考慮して，パーティション区切りを作ったり，個室を準備したり，交代制にした上でプライバシーを保持した配慮をしていったり，それぞれにできること，できないことを考えていく必要があると思います。「合理的配慮」という点については，当然ならが，サポートを求めているご本人との適切なコンサルテーションを繰り返していくことも重要になります。

　繰り返しになりますが，お勧めしたいのは，他の事例を見てみること，そして，それを真似するのではなく，自分たちがどこまでできて，何ができないのかを把握し，膝と付き合わせて問題に向き合うことだと考えています。いい実践例を見ても，「いや，それはそこが恵まれてるからできるだけなんじゃないか」と，「うちではできないよね」というように思考停止するのは，とてももったいないと思います。それぞれが置かれた環境の中で，何ができるのか，繰り返し議論していっていただければと思います。

　せっかく具体的なご質問をいただきましたが，そこへの具体的な回答は，やはりそこにいる方々でないと導き出せないものだと思います。ぜひご質問いただいた方がそこに対策の余地があるという視点をお持ちいただけている

のであれば，まず同僚の方々といい実践例をさがしてみてください。教育支援のNPO法人や教育学の専門領域から，さまざまな実践例も紹介されています。そして，何をどこまでできるのかということを，ご本人を含めて，一緒に話し合っていただければと思います。

　柴田　それでは，これで質疑応答は終了となります。谷口先生，質問をお寄せいただいた皆さん，ありがとうございました。

（了）

＊川眞田嘉壽子（立正大学法学部教授）
　柴田　龍　　（立正大学法学部准教授）

【講演者紹介】

＊肩書は講演当時のもの

谷 口 洋 幸（たにぐち ひろゆき）

金沢大学国際基幹教育院准教授（2021年4月より青山学院大学法学部教授）

中央大学大学院法学研究科博士課程修了。2005年『国際人権法における性的マイノリティ事例の研究』にて博士（法学）取得。日本学術振興会特別研究員（PD）、早稲田大学比較法研究所助手、高岡法科大学法学部准教授・同教授を経て現職。日本学術会議連携会員。専門は国際人権法・ジェンダー法学。主にセクシュアリティをめぐる人権保障のあり方について比較法・国際法の視点から研究している。編著書に『LGBTをめぐる法と社会』（日本加除出版・2019）、『セクシュアリティと法』（法律文化社・2017）、『性的マイノリティ判例解説』（信山社・2011）など。

グリーンブックレット 14

グローバルにみた日本のLGBTと人権保障

2021年12月20日　初版第1刷発行

編　集	立 正 大 学 法 学 部 立正大学法制研究所
発行者	阿 部 成 一

162-0041　東京都新宿区早稲田鶴巻町514番地

発行所　株式会社　成 文 堂

電話 03(3203)9201(代) Fax 03(3203)9206
http://www.seibundoh.co.jp

製版・印刷・製本　藤原印刷　　　　検印省略

ISBN978-4-7923-9281-9　C3032

定価（本体800円＋税）

グリーンブックレット刊行の辞

　グリーンブックレットの刊行は，立正大学法学部の日頃の教育研究活動の成果の一端を社会に還元しようとするものです。執筆者の個人的な成果ではなく，組織的な学部プロジェクトの成果です。私たちが高等教育機関としてその社会的使命をいかに自覚し，どのような人材育成上の理念や視点を貫きながら取り組んできているのかが，シリーズを通しておわかりいただけるはずです。したがって，グリーンブックレットの刊行は私たちの現状の姿そのものを世間に映し出す機会であるといっても過言ではありません。

　グリーンブックレットの「グリーン」は，立正大学のスクールカラーです。これは，大学の花である「橘」が常緑であることに由来するもので，新生の息吹と悠久の活力を表しています。現在の社会の抱えるさまざまな問題や矛盾を克服することは容易ではありませんが，次の社会を支える若い世代が，健全で，勇気と希望を持って成長し続ける限り，より良い未来を期待する事ができるものと信じます。そうした若い世代の芽吹きの一助たらん事を願って，このグリーンブックレットを刊行いたします。

2009（平成21）年12月

立正大学法学部長

鈴　木　隆　史